# L'AMANT
# DE SA FEMME,

COMÉDIE EN UN ACTE ET EN VERS,

PAR

## M^ME ACHILLE COMTE.

OUVRAGE REPRÉSENTÉ AU THÉATRE DE L'ODÉON.

VERSAILLES,

**IMPRIMERIE DE BEAU JEUNE,**

Rue Satory, 28.

1850

# L'AMANT

# DE SA FEMME.

# L'AMANT

# DE SA FEMME,

COMÉDIE EN UN ACTE ET EN VERS,

PAR

## M<sup>ME</sup> ACHILLE COMTE.

OUVRAGE REPRÉSENTÉ AU THÉATRE DE L'ODÉON.

## VERSAILLES,

**IMPRIMERIE DE BEAU JEUNE,**

Rue Satory, 28.

### 1850

# L'AMANT DE SA FEMME.

## Personnages.

Le COMTE GUSTAVE, *officier français.*
JULIE, épouse du Comte, sous le nom de JULES.
ANTOINE, vieux domestique.
FLORELLA, fille du jardinier de la maison occupée par
le COMTE, vêtue en jeune paysanne espagnole.

La scène est en Espagne ; le théâtre représente, dans un
agréable jardin, deux jolis pavillons carrés, placés aux
deux côtés de la scène : le pavillon de droite est occupé par
le comte GUSTAVE, celui de gauche est loué à la Comtesse.
On voit des campagnes en perspective.

## Scène première.

### FLORELLA (*seule*).

Il ne va pas tarder de paraître au jardin...,
Si je pouvais le voir, lui parler ce matin....
Prenons garde  pourtant : songeons aux conséquences....
Il s'imaginera qu'on lui fait les avances....
Un Français !... Ces Français sont si présomptueux !
Si pleins de leur mérite, et toujours si sûrs d'eux !....

A ce que dit ma mère ).... Oui, mais qu'ils sont aimables !...
Et puis, n'en est-il pas d'honnêtes, d'estimables?
Monsieur Jule est sans doute un garçon méritant
Qui ne fait pas le fier, ne fait pas l'important;
Quoiqu'il ait de l'esprit, comme l'on dit, de reste,
Il ne parle jamais qu'avec un ton modeste;
Si doux qu'à son accent vraiment on le prendrait
Pour une fille.... En femme, il me ressemblerait.
Il est charmant !... Et puis, si poli !... C'est qu'en France
On est bien élevé..... Si j'avais l'espérance
Que son maître à Madrid prolongeât son séjour....
Monsieur Jules pourrait s'y fixer quelque jour....
Ne puis-je, comme une autre, aspirer à lui plaire?
Il me trouve à son gré !... ce qui me désespère,
C'est que ma mère dit qu'il faut se méfier :
C'est triste !... Il faut pourtant un jour se marier.

---

### Scène seconde.

FLORELLA, JULIE (sous le nom de Jules en habit de
jockei.)

#### FLORELLA.

N'est-ce pas , monsieur Jule, il faut qu'on se marie ?

#### JULIE.

Si l'on veut, Florella ; quand on en a l'envie :
Ce n'est pas, à vrai dire, une nécessité.

#### FLORELLA.

C'est un usage, enfin ?

#### JULIE.

Oui, c'est très-usité :

Et Florella, sans doute, en demoiselle sage,
Ne veut pas, je le vois, déroger à l'usage ?

FLORELLA.

Moi, monsieur Jule ?... et vous ?... avez-vous fait un choix ?...

JULIE.

Puisqu'il faut que l'amour nous soumette à ses lois,
Je pense assez souvent aux lois du mariage.

FLORELLA.

Ma mère assure encor que c'est un esclavage....
Pour la femme s'entend ; que l'homme est un trompeur ;
Je me marirais bien ; mais cela me fait peur.
Parlez-moi franchement : dit-elle vrai ma mère ?

JULIE.

Votre mère dit vrai.

FLORELLA.

Du moins il est sincère !...
Monsieur Jules, c'est vous qui me dites cela ?
Seriez-vous donc aussi de ces perfides-là ?

JULIE.

Oh ! non, je n'en suis pas.... et je ne puis en être.

FLORELLA.

Fort bien : avec vos yeux, comment serait-on traître ?

JULIE.

Vous vous exposerez à de graves erreurs,
Si c'est sur les yeux seuls que vous jugez les cœurs.
Je vous quitte.... C'est l'heure où le Comte m'appelle.

FLORELLA.

Déjà ! si bon matin ?

JULIE.

Adieu, mademoiselle.

FLORELLA (*en boudant*).

Mademoiselle!

JULIE.

Adieu, ma chère Florella.

FLORELLA.

A la bonne heure, au moins, j'aime cet adieu-là.

(*Elle sort.*)

---

## Scène troisième.

JULIE (*seule*).

J'ai cru que la petite, à jaser obstinée,
M'allait tenir, ici, toute la matinée.
Elle a pour moi, je pense, un tendre sentiment.
On ne peut s'adresser plus maladroitement.

(*Elle réfléchit.*)

Voyons : étant encor valet un peu novice,
Pour ne rien oublier de mon nouveau service,
J'ai tout mis par écrit : suivons mon calepin...

(*Lisant dans un portefeuille*)

De petits soins divers s'occuper le matin ;
Préparer ses habits... C'est fait.... Le bel office !
Tout étrange qu'il est, il faut qu'on le remplisse....
Ranger, chaque matin, ses livres, ses papiers....
Passe pour ce soin-là, je le prends volontiers.
Je m'instruis dans les uns, j'apprends trop dans les autres.
Les secrets de monsieur sont bien un peu les nôtres...
« Porter à Loranza ce tendre et doux billet....»

(*Elle resserre le billet.*)

Lisons.... fort bien !... la dame a reçu le poulet ;

Elle y fera réponse.... A-t-on la tête prise !....
Ah ! qu'un jour on sera confus de la méprise !
Je ne crois pas, pourtant, devoir trop m'en blesser.
Son hommage plus mal aurait pu s'adresser ;
Et cette passion le sauvera peut-être
Des dangers.... C'est Antoine !

## Scène quatrième.

### JULIE, ANTOINE.

ANTOINE.

Avant de voir mon maître.

JULIE.

Dis : notre maître, Antoine ; et songe que je suis
Le Jockei de monsieur, et Jockei très-soumis.

ANTOINE.

A vos ordres, madame, enfin, je viens me rendre,
Mais plus j'y réfléchis, plus j'ai peine à comprendre
Votre déguisement.

JULIE.

Change-t-il bien mes traits ?....

ANTOINE.

Au point qu'à peine, moi, je vous reconnaîtrais
Si je n'étais par vous mis dans la confidence.
Quelle métamorphose !... il faudra que j'y pense
Encore plus d'un jour, pour m'y faire.... Je vois
Arriver chez monsieur le plus charmant minois !
Taille fine, bien prise, œil noir, longue paupière,
Air modeste !... On s'avance avec douce manière...
« Antoine, que nous veut cet aimable garçon ?...

» Je n'en sais rien, monsieur, il nous dira son nom...
» Votre nom, mon ami ?... je vous regarde en face,
» Et crois m'apercevoir que je vous embarrasse.... »

JULIE.

Je t'en réponds... Si fort ! que muette d'effroi...

ANTOINE.

Pouvais-je deviner que j'avais devant moi
Madame la comtesse, en Jockei déguisée?

JULIE.

Enfin, j'entre en service et me voilà placée
Chez ton maître ; je suis son jockei, son coureur,
Son discret confident... C'est le poste d'honneur.

ANTOINE.

Vos beaux cheveux, masquées d'une perruque blonde,
Vont, je n'en doute pas, dérouter tout le monde;
Mais vainement, je veux m'expliquer la raison
Qui vous porte à changer et de sexe et de nom ,
A sembler renier votre noble famille.
Dans Jules le jockei je ne puis voir la fille
Du marquis d'Orgeval ; je ne m'explique pas
Qu'à votre âge, où toujours on a peur des combats,
Vous laissiez là Paris et ses paisibles fêtes,
Pour venir assister aux bruyantes conquêtes
De nos Français...

JULIE.

Je viens visiter mon époux.

ANTOINE.

Rien n'est plus respectable et plus digne de vous...
Pourquoi l'incognito ?

JULIE.

Tu vois avec surprise

Une femme, à vingt ans de son époux éprise,
Qui, pour le retrouver, cherche indiscrètement
Les hasards, les dangers d'un héros de roman,
Confie aux grands chemins sa jeune expérience.

ANTOINE.

Ce n'est pas là, madame, un acte de prudence.

JULIE.

Je te l'accorde, Antoine.

ANTOINE.

Au surplus, je sais bien,
Quand on est amoureux, qu'on ne doute de rien.

JULIE.

Suis-moi donc jusqu'au bout : dans ton esprit rappelle
De mes plus jeunes ans le souvenir fidèle.

ANTOINE.

Tout ce passé, madame, en ma tête est gravé :
Je vous vois au couvent : sujet bien élevé...

JULIE.

Tu sais que touchais à ma douzième année,
Quand mon père à jamais fixa ma destinée,
En m'unissant au Comte ; il n'avait pas quinze ans.
Etrange hymen ! c'est peu : les deux époux-enfants
Ne s'étaient jamais vus : sous les yeux de son père,
Gustave étudiait le grand art de la guerre :
Il devait, disait-on, vivre au milieu des camps
Et moi dans ma retraite encor quatre ou cinq ans.
Par procureur, ainsi, l'on conclut l'alliance !...
Un an se passe, deux, trois ; toujours même absence.
Point d'époux... Un beau jour, grand fracas au couvent,
Entre un riche équipage, et coureur en avant...

C'était monsieur Gustave! On m'appelle, il s'élance,
Beau jeune homme!... Il salue avec un air d'aisance.
J'embrasse mon époux pour la première fois.
« Votre abord a, dit-il, justifié mon choix,
» Aimable et doux objet à qui le sort me lie :
» Je sens qu'en ce moment, je vous aurais choisie.... »
Il s'arrête, il attend, semble épier l'effet
De son galant début.... Moi, d'un air stupéfait,
Sans parler, je regarde, et je baisse la vue :
Il ajoute deux mots... et puis, il me salue.

### ANTOINE.

Il vous déplaisait donc, madame, en ce moment?

### JULIE.

Bien au contraire, Antoine, il me parut charmant ;
Mais ces quatres chevaux, ce nombreux domestique,
Ce moderne appareil dans un cloître gothique,
L'éclat de son habit qui faisait honte au mien,
Tous ces yeux épiant mes gestes, mon maintien!...
Je demeurai sans voix, interdite, immobile...
Il aura dû me croire idiote, imbécille.
Il partit pour l'Espagne, et je me retirai
Dans ma triste cellule, où long-temps je pleurai...
Mes compagnes, le cloître, et tout, jusqu'à moi-même,
Me devint odieux, et d'un dégoût extrême...
L'état de ma santé chaque jour s'agravant,
Mon bon père songeait à m'ôter du couvent,
Quand un coup imprévu trancha sa destinée.
J'atteignais, orpheline, à ma quinzième année ;
Que faire dans ce monde, où j'étais sans appuis?
Cette mort achevant de combler mes ennuis,
Je restai dans mon cloître, où, trois ans dans l'étude,

J'ai d'utiles travaux rempli ma solitude.
Mais un avis fâcheux, trop sûr pour mon repos,
M'apprend que mon époux a quitté ses drapeaux,
Et qu'il mène à Madrid un train considérable.
Les dames de la cour le trouvaient adorable.
J'étais très-disposée à le croire ; l'amour,
Mais plus encor l'orgueil, m'agitant tour à tour,
J'ose prendre un parti que l'on peut dire extrême ;
Je me décide enfin à juger par moi-même
Les torts de mon époux ; mes tuteurs sont mandés ;
Tous mes désirs par eux me sont vite accordés :
Je pars, mais presque seule, en modeste équipage.
J'aurais bien pu descendre, avec grand étalage,
Chez monsieur de Gustave, et m'y faire annoncer ;
Cette brusque démarche aurait pu le blesser ;
Je n'en eusse paru qu'un peu plus haïssable.
Le parti que j'ai pris me semble plus louable.
Sous ce déguisement, placée auprès de lui,
Je puis le voir du moins à toute heure aujourd'hui :
Il me parle, il est plein pour moi de bienveillance.

ANTOINE.

Sur tous ses serviteurs Jule à la préférence...
Oui, mais vous aspirez à plus?...

JULIE.

Et j'obtiendrai
Ce comble de mes vœux, dès que je le voudrai.

ANTOINE.

Si le cœur se donnait à la plus estimable,
Le triomphe pour vous serait incontestable.
Mais monsieur votre époux, madame, est amoureux ;
Lorsqu'on aime, on n'a pas toujours de très-bons yeux.

JULIE.

Tu crois ?

ANTOINE.

La signora Loranza, cette belle
Qu'on dit si merveilleuse, occupe sa cervelle.

JULIE.

Tant mieux.

ANTOINE.

Tant pis, madame, y pensez-vous? Comment?

JULIE.

As-tu vu Loranza?

ANTOINE.

Non, son appartement,
Clos, dit-on, d'une double et triple jalousie,
Dérobe à tous les yeux cette femme accomplie.

JULIE.

Antoine, je suis bien plus heureuse que toi ;
Car j'ai vu Loranza ; chaque jour je la voi.

ANTOINE.

Je le crois, vous portez les billets de mon maître.
Elle est jolie?...

JULIE.

Eh ! mais, je ne peux m'y connaître.
Et puis, une rivale.

ANTOINE.

Ah! j'entends.

JULIE.

Entre nous,
Monsieur le comte écrit de jolis billets doux.

ANTOINE.

Vous les connaissez !

JULIE.

Tous.

ANTOINE.

Vraiment ?

JULIE.

J'en prends lecture

Dès qu'il me les remet.

ANTOINE.

Allons.

JULIE.

Je te le jure,

Veux-tu voir le billet envoyé ce matin ?
Regarde....

ANTOINE.

C'est la date, et c'est bien là le seing...
Quoi ! ces doux confidents d'une amour si discrette,
On vous les livre ?

JULIE.

Non... mais je les décachette.

ANTOINE.

Vous ne remplissez pas alors la mission :
Les billets manquent tous leur destination.

JULIE.

Tu te trompes beaucoup ; tous y vont au contraire,
Et tout droit.....

ANTOINE.

A présent, je n'ai plus qu'à me taire :
Car je n'y comprends rien, rien du tout.

JULIE.

Je le crois.

Apprends que Loranza.....

ANTOINE.

Que Loranza?

JULIE.

C'est moi.

ANTOINE.

Vous?

JULIE.

Tu ne sais donc pas jusqu'où va la malice
Du sexe féminin?

ANTOINE.

Non, je suis très-novice,
En fait de ruse :

JULIE.

Eh bien! mon cher Antoine, apprends
Que revêtant, ici, deux rôles différents,
Je suis tantôt jockeï, tantôt dame et princesse :
Jules, chaque matin valet plein de soupplesse;
Chaque soir, Loranza, dame de haut aloi!.....
Je te répète encor que Loranza, c'est moi.....
Sous un voile léger, d'abord, à ma fenêtre,
Dans le jour, à ses yeux, je n'ai fait qu'apparaître.
Au spectacle, le soir, essayant mes attraits,
Des coquettes sur lui j'épuisai tous les traits.
Dans les jardins publics, de deux laquais suivie,
Je m'aperçus bientôt que j'étais poursuivie
Par Monsieur de Gustave, à mes pas obstiné;
Qu'enfin à ma personne il s'était enchaîné :
De mon époux, ainsi, j'avais fait la conquête!

Voilà qu'il me demande, un jour, un tête à tête..... ,
C'est ce que je devais surtout bien éviter.....
Je refuse..... son feu ne fait que s'irriter :
Mais je consens, après une assez longue instance,
D'établir entre nous une correspondance.
Jule est chargé d'un soin pareil et différent :
Il donne d'une main, et de l'autre il reprend.
Et Jule et Loranza, dans la même personne,
Sont tout ce qu'aujourd'hui ton maître affectionne.
Pour achever enfin, sache..... Mais j'aperçois
Le Comte qui s'avance; Antoine, viens, suis-moi.
De la discrétion !....

ANTOINE.

Vous connaissez mon zèle.

(Ils sortent ,

---

### Scène cinquième.

GUSTAVE seul.

(Il regarde les fenêtres de la maison à gauche.)

Le sommeil pèse encor sur les yeux de ma belle,
Ou, chez elle, du moins, il n'est pas encor jour ;
Tout est fermé..... moi seul, éveillé par l'amour,
Je passe sottement mes nuits à rêver d'elle.....
Ne pouvoir lui parler, quelle épreuve cruelle !
Jule est déjà sorti..... Peut-être, en ce moment,
Remet-il mon billet..... Ce jeune homme est vraiment
Unique en son service. Actif, infatigable,
Et si jeune !..... Un esprit pour son âge incroyable !.....
Et puis d'un dévoûment !..... Cependant qu'ai-je fait
Pour mériter de lui ces marques d'intérêt ?....

## Scène sixième.

### GUSTAVE, JULIE.

GUSTAVE.

Bon ! tu viens de la voir?

JULIE.

Monsieur, à l'instant même.

GUSTAVE.

Tu quittes Loranza..... ton bonheur est extrême !

JULIE.

En cela, je ne suis heureux, ni malheureux,
Colonel.....

GUSTAVE.

Je te plains, tu n'as donc pas des yeux ?.....

JULIE.

Moi? pardon, j'en ai deux, assez ouverts, je pense.

GUSTAVE.

Je ne conçois donc rien à ton indifférence.....
Mais passons : voudra-t-elle enfin me recevoir ?

JULIE.

Oui, Monsieur; au Jardin on vous verra ce soir.

GUSTAVE (avec joie).

Ce soir !..... Que je t'embrasse, enfant tout adorable.

JULIE.

Avec plaisir, Monsieur.

GUSTAVE.

Ah ! l'adroit petit diable !.....
Je te dois mon bonheur.

JULIE.

Monsieur, je voudrais bien

Le faire quelque jour..... pour assurer le mien.

GUSTAVE.

Voyons, raconte-moi tes jolis tours d'adresse.

JULIE.

Bien simples..... En avant j'ai mis votre tendresse.
J'ai pris sur moi, monsieur.

GUSTAVE.

Quoi?

JULIE.

De la garantir.....
Vous prendrez garde au moins de me faire mentir.

GUSTAVE.

Sur l'honneur.

JULIE.

Sur l'honneur?

GUSTAVE.

Jules, je te le jure.

JULIE.

Vous êtes gentilhomme, et ce mot me rassure.

GUSTAVE (à part).

Ce marmot de jockei m'impose, en vérité.

JULIE.

On attaquait beaucoup votre légèreté,....
On craignait les effets de cette humeur volage.....

GUSTAVE.

On est jeune...

JULIE.

J'ai dit... que vous étiez un sage....

GUSTAVE.

Un sage! c'est bien fort !

JULIE.

Ou que vous le serez.

GUSTAVE.

Que je le serai?... bien. C'est vrai.

JULIE.

Vous le jurez?...

J'en prends acte.

GUSTAVE.

On dirait que tu fais une enquête?

JULIE.

Que voulez-vous, Monsieur, je prends votre conquête
Sous ma protection spéciale.

GUSTAVE.

Vraiment?...

JULIE.

J'ai pour elle un sincère et vif attachement ;
Et je suis avec vous d'une franchise extrême :
Le mal qu'on lui ferait j'en souffrirais moi-même.

GUSTAVE.

Je suis bien éloigné de lui vouloir du mal...
Jules... tu ne crois pas ?...

JULIE.

Quoi?

GUSTAVE.

Que j'aie un rival ?

JULIE (avec feu).

Non, Monsieur, non, jamais.

GUSTAVE.

Jamais! comme il prononce.

JULIE.

Je le répète encor : Jamais, c'est ma réponse.

GUSTAVE.

Tant mieux.

JULIE (*confidentiellement*).

On vous adore...

GUSTAVE.

Ah ! tu combles mes vœux.

JULIE.

Oui, mais... un oncle...

GUSTAVE.

O ciel !...

JULIE.

Pourra gêner vos feux.

GUSTAVE.

Il faudra l'empêcher...

JULIE.

Craignez de vous commettre...

Marchons par ordre.

GUSTAVE.

Soit... as-tu remis ma lettre ?...

JULIE.

Oui, sans doute, Monsieur.

GUSTAVE.

Quel effet ?...

JULIE.

Surprenant !

Tout son cœur palpitait, Monsieur, en vous lisant.
Ecoutez bien : A peine elle achevait de lire,

Jules, m'a-t-elle dit avec un doux sourire ·
» Tu me vois dans l'ivresse et dans l'enchantement.
» Ton maître peint trop bien un tendre sentiment,
» Pour ne pas éprouver ce qu'il a su décrire ;
» Ce qu'il exprime ici, lui-même il me l'inspire,
» Dis-lui bien que ma vie est liée à jamais
» A la sienne ; sans lui, du bonheur, désormais,
» La triste Loranza ne peut goûter les charmes,
» N'a plus qu'un avenir et d'ennuis et de larmes.
» Dis-lui que son amour, qui décide mon sort,
» Doit me donner enfin ou la vie ou la mort. »

GUSTAVE.

N'est-ce pas là, dis, Jule, une femme accomplie ?...

JULIE.

Mais !...

GUSTAVE.

Au-dessus de tout, comme femme jolie ?

JULIE.

Cela dépend des goûts.

GUSTAVE.

Enfin, pleine d'appas ?
Réponds-moi donc ?

JULIE.

Monsieur... je ne m'y connais pas.

GUSTAVE.

Et quel cœur !

JULIE.

Pour son cœur, oui, je le crois sensible.

GUSTAVE.

Fort bien ! et de l'esprit !...

JULIE.

Monsieur, il est possible
Qu'elle en ait... tout le monde en a.

GUSTAVE.

Jules, vraiment?
Mais tu n'en montres pas beaucoup en ce moment.

JULIE.

Merci... permettez-moi : l'intéressant pour elle,
C'est moins d'être, en effet, que de paraître belle
A vos yeux... mais aux miens!... tant qu'elle vous plaira,
Je crois que chaque jour elle s'embellira.

GUSTAVE.

Me voici donc, enfin, rangé, plein de sagesse
Comme toi, n'ayant plus qu'une seule maîtresse...

JULIE.

Comme moi, colonel?...

GUSTAVE.

Point de déguisement,
Jules; ton cœur recèle un tendre sentiment...

JULIE (*timidement*).

D'où savez-vous cela?

GUSTAVE.

Crois-tu donc que j'ignore
Tes petits rendez-vous, au lever de l'aurore?

JULIE.

Mes petits rendez-vous?

GUSTAVE.

J'ai surpris ton secret

JULIE (*avec finesse*).

J'en doute, colonel.

GUSTAVE.

Monsieur l'amant discret,
La jeune Florella vous a tourné la tête.

JULIE.

Cette enfant?

GUSTAVE.

Elle est bien.

JULIE.

Oui, la noble conquête !...

GUSTAVE.

Je vois que Monsieur Jule a de l'ambition.

JULIE (*avec finesse*).

Je me sens au-dessus de ma condition.

GUSTAVE.

Cet élan, au surplus, n'est pas d'un cœur vulgaire.

(*Après l'avoir regardé*).

Tu n'es plus mon jockei.

JULIE (*à part, effrayée*).

Ciel !.

GUSTAVE.

Mais mon secrétaire..
A présent te voilà rassuré sur ton sort :
Nous ne nous quittons plus.

JULIE.

Plus ?...

GUSTAVE.

C'est jusqu'à la mort.

(*Après une pause*).

L'objet que tu chéris répond à ta tendresse?...

JULES (*les yeux fixés sur lui*).

Mais je crois qu'à présent, au moins, je l'intéresse.

GUSTAVE.

Jules, sur mon bureau va-t-en prendre un paquet :
Celui que tu verras fermé de mon cachet...
C'est pour l'ambassadeur ; la dépêche est pressante :
Cours, et reviens ici, toute affaire cessante.

JULIE (*elle part et revient*).

J'y vais... mon colonel, ne pourrai-je, ce soir
M'absenter un moment ?

GUSTAVE (*gaîment*).

Est-ce pour l'aller voir ?...
C'est bien, je le permets.

(*Julie sort.*)

## Scène septième.

GUSTAVE *seul*.

Ce jeune homme m'étonne.
Un je ne sais quel charme anime sa personne.
Son esprit... sa raison... il faut me l'attacher...
Aime-t-il Florella ?... Elle le vient chercher...
Je la vois...

## Scène huitième.

GUSTAVE, FLORELLA.

GUSTAVE.

Avancez, ma chère demoiselle.

Vous fuyez?... En ces lieux quelle sujet vous appelle?...
Tu cherchais Jule ici.

FLORELLA.

Monsieur l'a deviné.

GUSTAVE.

Etait-ce un rendez-vous que l'on s'était donné?

FLORELLA.

Non, Monsieur.

GUSTAVE.

Il te plaît?

FLORELLA.

C'est vrai, monsieur le Comte.

GUSTAVE (à part).

La petite est naïve... (Haut.) Et l'on dit qu'il t'en conte;
Qu'il te dit des douceurs, pour toi très-complaisant.
Et tu le trouves lui?

FLORELLA.

Tout-à-fait séduisant.

GUSTAVE.

Voyez-vous!

FLORELLA.

Envers moi, rempli de politesse...
Vous l'aimez bien aussi?

GUSTAVE.

Sans doute, il m'intéresse...
Eh bien! ma chère enfant, il le faut épouser.

FLORELLA.

Mon Dieu!... quand on voudra.

GUSTAVE.

Nous devons supposer

Qu'il t'aime ?

FLORELLA.

Assurément, sans cela, point d'affaire.
Oui, mais, en ce point là, je crains un peu ma mère.

GUSTAVE.

Ta mère ?

FLORELLA.

Monsieur Jule... il est je crois sans bien :
Ma mère voudra-t-elle un gendre qui n'ait rien ?

GUSTAVE.

Elle aime donc l'argent ?

FLORELLA.

Autant que j'aime Jule...

Et puis.

GUSTAVE.

Ce n'est pas tout ?

FLORELLA.

Non.

GUSTAVE.

Parle sans scrupule.

FLORELLA.

Mon père est jardinier en chef de cet hôtel ;
Jules n'est qu'un jockei...

GUSTAVE (avec emphase).

Jockei d'un colonel !...

FLORELLA.

Toujours de son état mon père fit l'éloge ,
Et si j'épouse Jule, il croira qu'il déroge.

GUSTAVE (à part).

A l'autre ! c'est vraiment une contagion...

Le dernier des manants a de l'ambition.
Rassure tes esprits, et sois sans crainte aucune :
Ta mère aime l'argent ; je ferai sa fortune ;
A ton père il faudrait un gendre de haut rang :
Jule est mon secrétaire....

FLORELLA.

Ah ! c'est bien différent !...
Je vais à mes parents donner cette nouvelle.
(*Elle va pour sortir*).
Pardon : voyez un peu ma légère cervelle !
J'oubliais un billet, à ce qu'on dit, pressé,
Billet qu'on m'a remis, à monsieur adressé.

GUSTAVE.

Donne donc.

FLORELLA (*En se retirant*).

Étourdie !

---

## Scène neuvième.

GUSTAVE (*seul ouvrant la lettre*).

Allons, si Jules l'aime
J'aurai fait leur bonheur....Ma surprise est extrême !
Est-ce que j'ai bien lu ?... don Pédro d'Alanza !
C'est bien cela ; don Pèdre, oncle de Loranza.
Voyons ce qu'il m'écrit....       (*Il lit la lettre*).

» Monsieur le Comte,

» Ma nièce vient de m'avouer que depuis long-temps elle
» reçoit vos vœux, et que son cœur répond à votre amour ;
» pourquoi n'ai-je pas connu plus tôt vos sentiments,
» j'aurais hâté le moment de votre commun bonheur : ac-
» ceptez la main de celle que vous aimez, sa fortune égale

» la vôtre, son nom est digne de celui que vous portez,
» mon seul désir est de la voir heureuse, et je sais qu'elle
» ne peut l'être que par vous. »
    « P. S. Loranza vous permet de vous trouver, ce soir, au
» jardin, où vous avez désiré de l'entretenir.

               Ah ! je suis dans l'ivresse !...
Mais où va s'égarer mon aveugle tendresse ?
Peux-tu bien espérer de jamais l'obtenir,
Insensé ! Loranza ne peut t'appartenir....
Lorsqu'on t'offre sa main, lié d'une autre chaîne,
Peux-tu ne pas frémir du penchant qui t'entraîne !
Quel prestige funeste égara ma raison !
L'hommage de mon cœur n'est qu'une trahison.
Quoi ! j'ai pu souhaiter de régner sur son âme,
De m'unir à son sort.... époux d'une autre femme !
Qu'ai-je fait ? qu'ai-je fait ? fatale illusion !
Que pouvais-je espérer de cette passion ?
Honte et malheur !... quel sort !... je maudis la journée
Où j'ai serré les nœuds de ce sot hyménée,
Cause de tous mes maux !... et le stupide objet
Qui prépare à ma vie un éternel regret !...
Que je le hais !...

## Scène dixième.

### GUSTAVE , JULIE.

JULIE. (*Elle observe beaucoup.*)

          Monsieur, vos lettres sont rendues ;
L'ambassadeur long-temps les avaient attendues ;
Mais il est satisfait... Il eût voulu ce soir,
Pour un travail pressé quelques instants vous voir...

GUSTAVE.

Ce soir?

JULIE.

J'ai bien prévu que l'heure était mal prise ,
Cela se rencontrait avec l'heure précise
Du rendez-vous,... j'ai dit que vous étiez au lit...
Je vous ai fait malade...

GUSTAVE.

Eh bien , soit... qu'a-t-il dit?

JULIE (*observant sa grande préoccupation.*)

Qu'il vous verrait demain... bon ! A peine il m'écoute !

GUSTAVE (*à part*).

Non, non, je n'irai pas... Oh! que cela me coûte !

JULIE.

Il n'ira pas, dit-il ?

GUSTAVE.

Quel prétexte inventer?

JULIE.

Son rendez-vous... je crois qu'il voudrait l'éviter !

(*Elle s'approche de lui avec tendresse.*)

Il ne me parle pas... qu'avez-vous, mon cher maître?
Des chagrins? parlez-moi : votre Jules, peut-être,
Tout serviteur qu'il est, pourra les soulager ;
Ou, s'il ne le peut pas, du moins les partager.

GUSTAVE.

Soulager mon malheur ! il est irréparable :
Ton maître est à jamais...

JULIE.

A jamais ?...

GUSTAVE.

Misérable !

JULIE.

A jamais ?...

GUSTAVE.

Je me sens touché de ton bon cœur,
Jules ; mais que peux-tu dans un pareil malheur?

JULIE.

Il faudrait le connaître... un peu de confiance.
Le faible a bien souvent su prêter assistance
Au puissant... vous avez daigné plus d'une fois,
Me nommer votre ami...

GUSTAVE.

Tu l'es, oui, je le crois;
Mais l'amitié, le zèle, en cette circonstance,
Que peuvent-ils, hélas ! rien.

JULIE.

Plus que l'on ne pense.

GUSTAVE.

Non, plus d'espoir pour moi... l'oncle de Loranza
Vient de m'écrire,

JULIE (feignant la surprise).

A vous?... Ah ! je comprends... voilà
De vos chagrins subits la cause véritable.
Peut-être que cet oncle est un homme intraitable?

GUSTAVE.

Pour moi, c'est, au contraire, un homme prévenant,
Qui vient m'offrir sa nièce.

JULIE.

Ah ! Monsieur, c'est charmant.
Plus d'embarras.

GUSTAVE.

O ciel !

JULIE.

Serait-ce que la nièce..
Indigne de vos soins et de votre tendresse?...

GUSTAVE.

Nulle femme jamais n'aura mieux mérité
Les hommages d'un cœur épris de sa beauté.

JULIE.

Sa fortune, j'entends, médiocre ou petite,
Est peut-être au-dessous, Monsieur, de son mérite.

GUSTAVE.

Sa fortune est immense : et son rang et ses biens,
Au juste appréciés, peuvent valoir les miens.

JULIE.

En ce cas là, Monsieur, vraiment, j'y perds la tête :
On vous aime, on consent à tout... qui vous arrête ?
Et noble, et riche, et belle, on vous offre sa main ;
Epousez-la plus tôt aujourd'hui que demain.

GUSTAVE.

L'épouser !... que dis-tu ?

JULIE (gravement).

Mon colonel, je pense
Que l'aimer sans ce but serait lui faire offense...
Si Loranza consent à vous donner sa main ?

GUSTAVE.

Le sort entre nous deux élève un mur d'airain...

JULIE.

D'un souffle on fait tomber ce mur impénétrable.

GUSTAVE.

Mais ton entêtement me paraît incroyable,

Jule, ou tu prends plaisir à me contrarier...
Eh bien, je ne puis plus, enfin, me marier.

JULIE.

Pourquoi donc?

GUSTAVE.

Pourquoi donc? Mais, puisqu'il faut le dire ,
Parce que je le suis.

JULIE *(jouant la surprise)*.

Vous!...

GUSTAVE.

Ce mot doit suffire
Pour te prouver qu'il est une fatalité
Au dessus du pouvoir et de la volonté.

JULIE.

Cela change la thèse et je change de style :
Pour prévoir un tel fait, il faudrait être habile ,
Et je ne le suis pas... Eh quoi ! mon colonel,
Votre main s'est donnée en face de l'autel,
Et vous venez ici... (pardon si je m'exprime
Un peu trop librement) faire une autre victime !
Mais cela n'est pas bien... je dis la vérité.
        (*Après un moment de silence*).
Me pardonnerez-vous mon importunité,
Monsieur !

GUSTAVE.

Parle... voyons...

JULIE.

Mon colonel, madame...
Est-elle jeune?...

GUSTAVE,

Qui ?...

JULIE.

Mais, monsieur, votre femme.

GUSTAVE (*avec indifférence*).

Oui... jeune.

JULIE.

Elle est jolie?

GUSTAVE (*avec humeur*).

Affreuse, à faire peur.

JULIE (*vivement*).

Que dit mon colonel?...

GUSTAVE.

Affreuse.

JULIE (*à part*).

(*Haut, avec un peu de dépit*).    Oh! le menteur!...
Puisque vous l'épousiez, cependant, sa personne
Vous plaisait, colonel?

GUSTAVE.

La conséquence est bonne!..
Souvent, sans se connaître, on s'unit, ici-bas.
Elle ni moi, mon cher, ne nous connaissions pas.

JULIE.

Avant de l'épouser, monsieur, vous l'aviez vue?...

GUSTAVE.

Non, après; et, ma foi, cette triste entrevue
(La première et la seule!) a suffi, crois-le bien,
Pour me faire abhorrer cet absurde lien;
Pour me prouver trop tard l'excès de ma sotise.

JULIE (*à part*).

Le terme est obligeant.

GUSTAVE.

Elle est d'une bêtise !...

JULIE.

Vous ne la flattez pas.

GUSTAVE.

Dis, Jules, quel malheur
De ne pouvoir jamais disposer de son cœur !
D'avoir été lié, presqu'avant que de naître,
Au sort d'un autre enfant que l'on n'a pu connaître ;
Avant qu'on s'appartînt, de voir qu'on s'est donné !...
L'homme au joug de l'hymen ne peut naître enchaîné ;
Ce joug, si c'en est un, doit être volontaire ;
Et, pour qu'on s'y soumette, avant tout, il doit plaire.
Qu'aujourd'hui de mes fers je sens bien tout le poids !
Ne puis-je les briser ?...

JULIE.

Oubliez-vous les lois,
Mon colonel ?

GUSTAVE.

Eh quoi ! le bonheur se présente,
Et je repousserais cette offre séduisante !
L'amour veut de ses dons me combler, en ce jour,
Et je rejetterais les présents de l'amour !...
Les nœuds que j'ai formés ne sont pas mon ouvrage !...
J'abhore et je maudis ce fatal mariage...
Je veux le rompre.

JULIE (dans la plus grande agitation).

O ciel !...

GUSTAVE (étonné).

Mais, Jules, qu'as-tu donc ?
D'où vient ce cri d'effroi ?

JULIE.

Monsieur, cent fois pardon,

Mais de ce mot cruel mon âme est oppressée !
Non, non, vous n'avez pas la funeste pensée
De rompre un nœud si saint, monsieur le colonel,
Ce lien de l'honneur, qui doit être éternel.

GUSTAVE.

Que faire ?

JULIE (*avec préparation*)

Loranza sans doute est indulgente...
Confessez-lui les torts de votre âme inconstante,
Méritez son pardon.

GUSTAVE.

Quel affreux avenir !
Ciel !

JULIE.

Bientôt, au jardin, Loranza va venir...
Souffrez, mon colonel, qu'à présent je vous quitte...
Car on m'attend ailleurs.

GUSTAVE.

Va donc, et reviens vîte...

(*Julie sort*).

---

## Scène onzième.

### GUSTAVE (*seul*).

Jules dit vrai : l'amour à l'honneur doit céder.
Quel sacrifice ! hélas !... puis-je m'y décider ?...
Dieu !... perdre Loranza !... quel vain regret m'anime !
Puis-je la conserver... si ce n'est par un crime ?..
Mais la perdre, au moment où, me donnant sa foi,
L'aimable Loranza consentait d'être à moi !...
Me croyait digne d'elle !... Ah ! ce penser m'accable !

Elle va donc me voir, mais confus, mais coupable!
Lui venant annoncer le plus lâche abandon!...
Des feux que j'allumai lui demandant pardon!
Ah ! comment espérer que sa fierté pardonne
L'outrage qu'un Français vient faire à sa personne !

### Scène douzième.

#### GUSTAVE, FLORELLA.

FLORELLA (*vivement*).

Monsieur le Comte, eh bien, ma mère approuve tout.

GUSTAVE (*préoccupé*).

Tout!... quoi?

FLORELLA.

Mon mariage. Est-il aussi du goût
De Jules ?

GUSTAVE (*de même*).

Que t'importe ?

FLORELLA.

Et mais, fort à votre aise,
Vous en parlez, monsieur. ... il faut que je lui plaise
Pour qu'il m'épouse.

GUSTAVE (*de même*).

Soit...

FLORELLA (*à part*).

Bon ! il ne m'entend pas !

GUSTAVE (*à part en se retirant*).

Réfléchissons un peu...

FLORELLA.

Monsieur?...

GUSTAVE.

Quel embarras !...

(*Il sort, dans la plus grande préoccupation.*)

## Scène treizième.

FLORELLA *seule.*

Voyez donc ! pas un mot ! cela n'est pas honnête.
—Que t'importe !... on dirait qu'il a perdu la tête.
Il m'avait, cependant, marqué de l'intérêt...
Et voilà que... c'est mal !... Ah ! je vois ce que c'est :
On me refuse, et lui, par pure politesse,
Il ne veut pas me faire un aveu qui me blesse.
En effet, cela n'est agréable, ni doux,
Qu'on vous dise : Petite, on ne veut pas de vous.
C'est ce qu'il faudra voir !... Ce refus-là me pique.
Attendons-le en ces lieux ; il faudra qu'il s'explique :
C'est le plus sûr moyen pour sortir d'embarras...
S'il m'allait refuser pourtant !... l'on n'en meurt pas !
C'est Antoine !... Sortons...

## Scène quatorzième.

(*Julie sort du pavillon richement parée à l'espagnole.*)

JULIE, ANTOINE.

ANTOINE.

Madame, du courage.

JULIE.

J'en aurai... viens à temps remplir ton personnage.

ANTOINE.

Comptez sur moi, madame.

(Il sort).

JULIE (seule).

(Elle relit les derniers mots d'une lettre).

« Je n'ai jamais aimé que vous, et je sens que c'est pour
» la vie. »

Oui, promesse d'amant!
Le mari, quelque jour, tiendra-t-il le serment?

(Elle relit la suscription de la lettre).

« A Loranza!... » c'est là que son amour s'adresse :
Julie obtiendra-t-elle une égale tendresse?
Ne perdrai-je pas tout, quand'il reconnaîtra
Que Julie est... Julie et non pas Loranza?...
Gustave va venir... la scène sera vive...
Elle sera du moins, pour tous deux décisive...
Je l'entends... si mon cœur ne se tenait pas bien,
J'irais, en l'embrassant, commencer l'entretien.

## Scène seizième.

JULIE, GUSTAVE.

GUSTAVE (à part).

Que je suis troublé!...

JULIE.

Comte, approchez-vous sans crainte,
Comme je vous reçois moi-même sans contrainte...
Que, sans s'être parlé, l'on se soit entendu;
Que l'on se soit aimé, sans presque s'être vu;
Cela n'appartient pas à des âmes vulgaires;
Mais ce qui nous arrive aussi ne se voit guères,

Et vous et moi, laissons aux volages amants
Les aveux mensongers et les trompeurs serments.
Nos serments, nos aveux sont encor dans notre âme,
Et nous ne doutons pas, pourtant, de notre flâme.
Cher Gustave, mon oncle, a pris soin, avant moi,
De vous livrer mon cœur, de vous donner ma foi...
Ce don de l'amitié, l'amour le ratifie...

GUSTAVE (*avec embarras*).

Quand mon peu de mérite à peine justifie
L'honneur que Loranza.... que son oncle.... ah ! pardon.
Mais qui peut mériter un si précieux don?...
Plus ce bonheur est grand et moins j'y dois prétendre.

JULIE.

Mais cette défiance est-elle d'un cœur tendre ?
Les amants, d'ordinaire, ont un cœur confiant.....
Tout vient s'offrir à vous sous un aspect riant,
Comte? Seriez-vous donc de ces esprits volages,
Pour qui le bien présent perd tous ses avantages,
Du bonheur qu'on leur offre à peine faisant cas,
Et n'attachant de prix qu'à celui qu'ils n'ont pas?

GUSTAVE.

Ah ! ne m'accusez pas d'un volage caprice ;
Ce serait envers vous montrer peu de justice.
Pensez-vous donc qu'un cœur, de vos charmes épris
Puisse cesser jamais d'en sentir tout le prix?
Non, non, madame, une âme à vos lois asservie
Ne peut l'être un seul jour, sans l'être pour la vie.

JULIE.

Ah ! ce mot rend le calme à mes sens éperdus.

GUSTAVE.

Hélas! pourquoi si tard nous sommes-nous connus?

JULIE.

Si tard!... mais, mon ami, quelle erreur est la vôtre?
Nous sommes, vous et moi, fort jeunes l'un et l'autre,
Et nous aurons tous deux longtemps à nous aimer.
Voyons cet avenir, si propre à nous charmer....
Vos lettres, sur ce point, ont rassuré mon âme.

GUSTAVE.

Ah! que ma plume est froide à vous peindre ma flamme.
L'expression me manque, et non le sentiment.

(*Avec exaltation*).

Loranza, je voudrais, riche et royal amant,
Pouvoir mettre à vos pieds un sceptre, une couronne.
Quelle femme eût jamais plus embelli le trône!

JULIE.

Gustave est à mes yeux bien au-dessus d'un roi!

GUSTAVE.

Trop chère Loranza!...

JULIE.

Gustave est tout pour moi!

GUSTAVE (*à part dans la plus grande agitation*).

Où suis-je?...

JULIE.

Qu'avez-vous? quel sinistre nuage
Répandu sur vos traits, ternit votre visage?...
Craignez-vous de répondre? avez-vous des secrets
Où se trouvent blessés nos communs intérêts?...
D'une chaîne honorable autant quelle est sacrée,
La confiance seule assure la durée.

GUSTAVE (*à part*).

Oui, je dois m'expliquer... un silence plus long

Ne ferait qu'augmenter ma faute et mon affront.
Loranza !...

JULIE.

Parlez-moi.

GUSTAVE.

Votre âme... elle est si bonne,
Si généreuse !...

JULIE.

Eh bien ?

GUSTAVE.

Sans doute, elle pardonne ?

JULIE.

Quoi?

GUSTAVE.

Je ne puis parler.

JULIE.

Comment? quelle terreur
Glace vos sens ?

GUSTAVE.

Bientôt, je vais vous faire horreur...
Loranza, votre amour va se changer en haine.

JULIE.

Jamais : que jusque là ma colère m'entraîne !

GUSTAVE.

Sachez que j'ai couvert de l'ombre du secret
(Je frémis de le dire) un noir et vil projet...

JULIE.

Quel projet?...

GUSTAVE.

Loranza, d'allumer dans votre âme
L'ardente, mais impure et criminelle flâme
Qui brûlait dans la mienne, et sans espoir jamais
Que l'hymen consacrât les feux que j'allumais.

JULIE.

Je blâme, comme vous, ce tort trop condamnable :
Mais je ne le crois pas, cher Comte, impardonnable,
Quand, faisant de vous-même un louable abandon ,
Votre cœur se déclare indigne de pardon...
Sur votre repentir notre avenir se fonde.

GUSTAVE.

Ah ! de quelle blessure et cruelle et profonde
Vous me frappez le cœur, en voulant le guérir !
Le sort ne peut au mien lier votre avenir.

JULIE.

Ainsi, vous renoncez à ce doux hyménée?...

GUSTAVE.

Mon cœur vous appartient, mais ma main est donnée...

JULIE.

Monsieur !

GUSTAVE (*se jetant à ses pieds*).

Accablez-moi.

JULIE, avec *dignité*.

Monsieur, relevez-vous.

GUSTAVE.

Je crains votre indulgence et non votre courroux...

JULIE.

Mon courroux?... en effet, vous ne pouvez le craindre.
Des reproches?... monsieur, vous êtes trop à plaindre,

Je vous épargnerai : votre cœur vous dira
Tout ce qu'en ce moment ma bouche vous taira :
D'ailleurs, je dois d'une autre embrasser la défense...
Je ne suis pas, ici, la seule qu'on offense,
Et j'ai mes torts aussi. J'ai cru légèrement
Aux feux présomptueux d'un jeune homme... charmant...
Dont le crime est bien moins (quelque grand qu'il puisse être),
D'avoir trompé l'objet qu'il n'avait pu connaître,
Que d'oublier la faible et crédule moitié
Au sort de qui son cœur par le Ciel fut lié...
Monsieur, c'est désormais l'épouse délaissée
Dans ses affections cruellement blessée,
Dont vous devez tenter de ramener le cœur.
Oui, par le noble aveu d'une coupable erreur,
Méritez son pardon... Je me plais à le croire,
L'on n'abusera, pas, monsieur, de la victoire.....
Maintenant, qu'un lien respectable et sacré
Vous a, de Loranza, pour toujours séparé,
Recevez, sans regrets, sans retour inutile
Vers un passé perdu, fantastique., stérile,
Recevez, en ce jour, ses éternels adieux.
Mais n'oubliez jamais le plus cher de ses vœux :
C'est que Gustave, enfin, rapporte à son épouse
Un cœur... dont Loranza ne sera pas jalouse.
　　　　　(*Après une pause et avec tendresse*).
Promettez-moi, du moins, de ne la point haïr.
　　　　　GUSTAVE (*étonné.*)
Recevez mon serment... je jure d'obéir.
　　　　　(*Elle sort, il la suit des yeux*).

## Scène dix-septième.

### GUSTAVE *seul.*

Elle sort !... c'en est fait ! la voilà donc perdue !

Oui, perdue, à jamais ! Mon âme confondue
Vient de faire un serment qu'elle ne peut tenir.
Quel sacrifice, hélas !... que vais-je devenir ?
Fuyons... fuyons ces lieux, leur aspect m'importune.

---

### Scène dix-huitième.

#### GUSTAVE, ANTOINE.

ANTOINE.

Ah ! je vous trouve, enfin, c'est un coup de fortune !
Je vous cherche, partout.

GUSTAVE.

Eh bien, que me veux-tu ?

ANTOINE.

Vous annoncer, monsieur, un bonheur imprévu.

GUSTAVE.

Du bonheur !... en est-il ? parle, dis, qui t'envoie ?

ANTOINE.

La nouvelle, monsieur, va vous combler de joie.

GUSTAVE.

Oui, de joie !... il faudrait un rare évènement
Pour que la joie en moi pénétrât un moment.

ANTOINE (se frottant les mains).

Monsieur, elle est ici.

GUSTAVE.

Qui ?

ANTOINE.

Vous devez m'entendre ;
Une dame qu'ici vous étiez loin d'attendre,
Bien qu'on la désirât, et sans doute ardemment,
Monsieur surtout.

GUSTAVE.

Le sot, parle donc nettement !
Je veux... il faut...

ANTOINE.

Monsieur, oui, que je vous instruise :
Mais vous n'en aurez pas moins que moi de surprise.
Je venais pour cela... je venais, en deux mots...
N'aimant pas plus que vous, monsieur, les longs propos,
Vous dire que madame...

GUSTAVE.

Achève :

ANTOINE.

La comtesse...

GUSTAVE.

La comtesse ?...

ANTOINE.

Ma digne et très-noble maîtresse,
Du vieux marquis mon maître unique rejeton...
(Car il n'a pas laissé d'héritier de son nom ,
Et madame, après lui, fait toute la famille),
Que de ce bon marquis, l'aimable et noble fille,
Que votre chère épouse, ennuyée, à la fin,
D'un bien triste veuvage, et pour y mettre fin,
A pris la poste...

GUSTAVE.

O ciel!...

ANTOINE.

Et quelle est arrivée !...

GUSTAVE.

Ici ?...

ANTOINE.

Quelle surprise on vous a réservée !...

GUSTAVE.

Tu ne te trompes pas ?... Quoi ! ma femme ?...

ANTOINE.

Est ici.

Vous voyez ce que c'est qu'un amoureux souci :
Aux plus timides cœurs il donne du courage...
Au surplus, elle a fait le plus heureux voyage...
Mais quel bonheur, monsieur !

GUSTAVE.

Grand bonheur, en effet.

ANTOINE.

N'est-ce pas ?

GUSTAVE.

Tu le vois, j'en suis bien satisfait !
Allons la recevoir... allons.

ANTOINE.

Mais, mon cher maître,

Où voulez-vous aller ?

GUSTAVE.

Chez moi, pour faire admettre
Ma gracieuse épouse ; on ne la connaît pas...
J'éprouverai, moi-même, un fort grand embarras...
Comment la reconnaître : à peine l'ai-je vue...
Elle tombe chez moi, comme on dit, de la nue !...

ANTOINE (à part.)

Il enrage !

GUSTAVE.

Entends-tu ? tous deux courons la voir.

ANTOINE.

Inutile.

GUSTAVE.

Il faut bien, dis-je, la recevoir.

ANTOINE.

Il n'en est pas besoin, madame va se rendre
Ici même.

GUSTAVE

Imbécille !...

ANTOINE (*avec bonhomie*).

Elle veut vous surprendre,
Laissez-lui ce bonheur...

GUSTAVE.

Quand un valet est vieux
Qu'il sert mal !.., tu devais l'éloigner de ces lieux.
Loranza peut venir... le bon sens, ce me semble,
Te disait d'éloigner...

ANTOINE.

Ces dames sont ensemble...

GUSTAVE.

Se peut-il?.. quoi ! ma femme est avec Loranza.

ANTOINE.

Eh ! mon Dieu ! oui, monsieur... je crois que les voilà.

GUSTAVE.

Je n'en vois qu'une .. est-ce ma femme, quel supplice !...
Il faut jusqu'à la lie épuiser le calice !...

(*Julie s'avance doucement : elle est couverte d'une mante
blanche ; un long voile cache ses traits.*

### Scène dix-neuvième et dernière.

*(Antoine allait se retirer, Julie lui fait signe de rester. Il se
tient au fond du Théâtre.)*

## LES MÊMES, JULIE.

JULIE *(à part)*.

Mon cœur est oppressé... je tremble, en l'abordant.

GUSTAVE *(à part.)*

Je ne sais que lui dire... il faut parler pourtant...
Quelque plaisir, madame, après six ans d'absence,
Que me doive, en ce jour, causer votre présence,
Je puis vous avouer, à parler sans mentir,
Que la surprise au moins égale le plaisir.

JULIE *(déguisant sa voix.)*

Une telle démarche, oui, peut bien vous surprendre.

GUSTAVE.

De votre part, surtout, j'ai peine à la comprendre :
Vous m'avez en effet, si longtemps oublié...

JULIE *(de même.)*

Vous pouviez de ma vue être contrarié.

GUSTAVE.

Et vous avez pensé (puisqu'on vous voit paraître,
Madame) qu'aujourd'hui je cesserais de l'être?

JULIE.

Des reproches, monsieur?

GUSTAVE

Moi!...

JULIE.

J'avais quelqu'espoir

3

Que vous auriez, monsieur, du plaisir à me voir :
L'accueil que je reçois détruit cette espérance ;
Je vois que j'ai trop tôt encor quitté la France.

GUSTAVE (*à part.*)

Elle ne paraît pas si gauche qu'autrefois.
Ses sentiments, du moins, s'expriment par sa voix.

(*Haut.*)

Elle parle aujourd'hui... Mais, permettez, de grâce,
Laissons là le passé.

JULIE (*à part.*)

Sans doute, il l'embarrasse.

GUSTAVE.

Je ne veux pas vous faire un reproche indiscret ;
Mais, enfin, vous m'aviez oublié tout-à-fait,
Parlons vrai.

JULIE.

Non, monsieur.

GUSTAVE.

Je ne peux pas m'en plaindre :
Et même le devoir ne pourrait pas contraindre
A chérir un époux que l'on n'a pas connu.

JULIE.

Le devoir, en ce cas, n'est donc pas la vertu ?

GUSTAVE (*à part*).

Eh ! mais, en vérité, je crois qu'elle raisonne...
On dirait que c'est là tout une autre personne.

(*Haut.*)

Mais, vous ne m'aviez vu qu'une fois...

JULIE.

C'est assez,
Pour qu'en mon cœur toujours vos traits soient retracés.
Les miens auraient besoin d'être vus davantage
Pour laisser dans le vôtre une durable image.

GUSTAVE.

(*Il s'approche d'elle avec plus de confiance.*)
(*A part.*)
Eh ! pas si mal!... Julie!...

JULIE (*à part*).

Il s'attendrit, vraiment!

GUSTAVE.

Vous m'étonnez beaucoup.... je le dis franchement :
Vous montrez un esprit que j'étais loin d'attendre.

JULIE.

Mais, pour juger les gens, il faudrait les entendre.

GUSTAVE.

Comment entendre aussi ceux qui ne parlent pas?
(*A part, il la considère avec plus d'attention*).
Mais sa taille est bien prise; elle a moins d'embarras
Dans les gestes, le port, dans toute sa manière...
Ses traits?... ils sont cachés... craignent-ils la lumière?
C'est suspect. Voyons donc: (*Haut.*) Pourquoi ce voile épais
Qui dérobe à mes yeux, madame, vos attraits?
Je n'ai point oublié que vous étiez jolie....
Laissez-moi voir combien vous êtes embellie.....

(*Il cherche à lever le voile; elle l'arrête.*)

JULIE.

Je vais lever ce voile... oui, mais je veux savoir,
Avant, si c'est bien *moi* que vous désirez voir ?

GUSTAVE.

Comment *vous* ? et qui donc ? la question est bonne.

JULIE.

Enfin, est-ce *Julie* ?

GUSTAVE.

Eh ! quelle autre personne ?...

JULIE (*levant son voile*).

Vous la voyez.

GUSTAVE.

O ciel ! Loranza ?...

JULIE.

Non, c'est moi.
C'est Julie... on la peut regarder sans effroi.

ANTOINE.

C'est madame, monsieur, Antoine vous l'atteste.
C'est qu'on a bien grandi, bien embelli, de reste,
Depuis six ans !...

GUSTAVE.

Pourquoi ce nom mystérieux
Qui, depuis quelques mois, vous dérobe à mes yeux ?

JULIE (*riant.*)

Julie était affreuse, idiote, méchante !...

GUSTAVE.

Ah ! la métamorphose est tellement tranchante !..
Mais, qui vous rapportait, ce que, dans mon courroux,
J'ai pu laisser par fois échapper contre vous?

(*A Antoine*)

Vieux bavard, est-ce toi?

ANTOINE.

Monsieur le Comte oublie
Que, depuis un long temps, son cœur ne me confie
Aucun secret ; que Jule...

GUSTAVE.

A-t-il pu me trahir,

Jules?

JULIE (*d'un ton décidé.*)

Mon colonel, c'est vrai, pour vous servir.

GUSTAVE (*Il tombe à ses pieds.*)

Oui, c'est l'accent de Jule! O ma chère Julie,
Quelle femme êtes-vous?

ANTOINE.

Une femme accomplie,
Et qui donne aux maris une bonne leçon.

GUSTAVE.

On ne l'oubliera pas.

JULIE.

Et l'on aura raison.

FIN.

Versailles —Imprimerie de BEAU jeune.

www.ingramcontent.com/pod-product-compliance
Lightning Source LLC
LaVergne TN
LVHW022033080426
835513LV00009B/1008